Dad's War